LE
DROIT DE LA FRANCE

DE

PÊCHER LE HOMARD

A TERRE-NEUVE

AU POINT DE VUE SCIENTIFIQUE

PAR

M. F. MOCQUARD

Assistant au Muséum d'Histoire Naturelle.

Extrait du *Bulletin de la Société Centrale d'Aquiculture et de Pêche*

N° 6. JUIN 1899.

CLERMONT (OISE)

IMPRIMERIE DAIX FRÈRES

3, PLACE SAINT ANDRÉ, 3

—

1899

LE DROIT DE LA FRANCE DE PÊCHER LE HOMARD A TERRE-NEUVE AU POINT DE VUE SCIENTIFIQUE

Par M. F. Mocquard,
Assistant au Muséum d'Histoire Naturelle.

En 1891, au moment où l'Angleterre contestait à nos marins le droit de pêcher le Homard sur les côtes de Terre-Neuve, sous prétexte que le droit concédé à la France par le traité d'Utrecht d'y pêcher le Poisson, ne s'étend pas à celui d'y pêcher ce Crustacé, j'ai publié dans *Le Naturaliste* (1) une étude dans laquelle je crois avoir établi que, si de nos jours, l'expression de *Poisson* s'applique à une classe facile à circonscrire d'Animaux dont les caractères sont tellement spéciaux que le vulgaire sait le plus souvent les reconnaître, il n'en a pas toujours été de même, et qu'à l'époque où le traité d'Utrecht a été conclu (1713), le Homard, la Langouste, l'Écrevisse, l'Huître, ainsi que tous les autres Animaux aquatiques étaient considérés comme des Poissons.

Les négociations engagées en 1891 au sujet de cette pêche n'ayant pas abouti, et l'Angleterre nous ayant récemment fait savoir qu'elle se propose d'exercer contre la France de nouvelles revendications à Terre-Neuve, il n'est peut-être pas inutile de rééditer, en la complétant, cette page d'histoire des sciences naturelles, de répondre en même temps à de nouvelles objections et de faire connaître à ceux qui s'intéressent aux affaires coloniales les raisons que la science permet d'invoquer en faveur de nos droits relàtivement à la pêche du Homard sur les côtes de Terre-Neuve.

La question a été peu étudiée à ce point de vue, et le seul travail, à notre connaissance, où il y soit fait allusion, en dehors de l'étude que nous venons de rappeler, est celui que M. Georges Roché, actuellement inspecteur général des pêches maritimes, a fait paraître en 1894 sous ce titre : *Les grandes pêches maritimes modernes de la France.* Examinant le conflit survenu entre la France et l'Angleterre à l'occasion de la pêche du Homard à Terre-

(1) 2ᵉ série, nᵒ 103, p. 139 (1891)."

Neuve, M. Roché rappelle (p. 129) « les subtilités de mots avec lesquels on a voulu jouer afin de nous interdire la pêche et la conservation des Homards à Terre-Neuve, » et il ajoute : « Il est d'ailleurs puéril de prétendre que nous n'avons pas le droit de prendre des Homards parce que les traités n'en parlent pas : il suffit de répondre qu'en 1783 (1713 ?), on n'avait pas encore fait la classification des Animaux marins. » Sans doute, les objections des Anglais sont puériles (si elles n'étaient que cela !) ; mais avec des adversaires aussi retors et dont les procédés de discussion sont parfois si étranges, il peut sembler nécessaire d'avoir recours à des arguments plus concluants. La classification des Animaux marins ou terrestres remonte, d'ailleurs, bien au-delà de 1713 et il s'agit précisément de mettre en lumière celle qui était admise à cette époque, en ce qui concerne les Animaux marins, pour en dégager l'idée qu'on se faisait alors de ces Animaux en général et du Homard en particulier.

C'est à Aristote qu'on doit le premier essai de classification des Animaux.

* L'illustre philosophe, disions-nous dans l'étude citée plus haut (1) et dont M. Roché ignorait sans doute l'existence lorsqu'il fit paraître son livre, avait été conduit par ses observations à diviser les Animaux « d'après leurs parties, » c'est-à-dire d'après leur organisation, en deux grands groupes : *les Animaux pourvus de sang* et *les Animaux privés de sang* (il s'agit de sang rouge), qu'il subdivisa ensuite en classes (2). Dans le premier groupe il rangea les Poissons, sur la nature desquels il avait des idées fort justes, dont il décrit exactement les caractères généraux et qui se trouvaient ainsi nettement séparés des Mollusques, des Crustacés et autres Invertébrés aquatiques (3).

Malheureusement, l'esprit d'observation se perdit avec Aristote ; les naturalistes qui suivirent n'ouvrirent la voie à aucun progrès et au lieu d'étudier la nature, ils se bornèrent à copier leurs devanciers et à les interpréter.

* C'est ce que fit Pline lui-même, dont l'ouvrage, d'ailleurs rempli d'intérêt, n'est qu'une vaste compilation. C'est à Aristote

(1) Les alinéas précédés d'un astérique sont empruntés au mémoire mentionné ci-dessus.

(2) Aristote : *Histoire des animaux*, trad. fr. de Camus, t. I, p. 21 et 171.

(3) Le Homard est décrit par Aristote (liv. IV, ch. II) sous le nom de Ἀστακός d'où, par latinisation, on a fait *Astacus*.

(*loc. cit.*, p. 5) que Pline a emprunté l'idée — à laquelle le Père de l'histoire naturelle ne s'était pas arrêté, pas plus qu'à celle de distribuer les Animaux, « d'après leur caractère, » « en privés et en sauvages, » (p. 11) — c'est, disons-nous, à Aristote que Pline a emprunté l'idée de diviser les Animaux, d'après la considération banale de leur habitat, en *terrestres, aériens* et *aquatiques*. Il décompose ce dernier groupe (livre IX, ch. 44), le seul qui nous intéresse, en *Poissons pourvus de sang*, c'est-à-dire les Cétacés et les Poissons proprement dits, tels que nous les entendons aujourd'hui, et en *Poissons privés de sang*, dont il admet trois sortes, correspondant à des groupes déjà admis, mais en dehors des Poissons, par Aristote : les *Poissons mous*, qui répondent à nos Mollusques céphalopodes ; *ceux qui sont recouverts d'une croûte mince*, ou les Crustacés et les Oursins ; enfin *ceux qui sont renfermés dans un test dur*, c'est-à-dire les *Testacés*, ou nos Mollusques univalves et bivalves.

Cette classification de Pline s'explique par son ignorance complète de l'organisation des Animaux, d'où ces rapprochements bizarres et, ainsi que le remarque Cuvier (1), « ces Homards nommés Poissons, ces Anguilliformes pris pour des Serpents et des Hydres, etc. ».

* C'était revenir bien loin en arrière d'Aristote. Ce qu'il y eut surtout de fâcheux, c'est que, sur l'autorité de Pline, les Poissons se trouvèrent par là rivés aux Crustacés et aux autres Animaux aquatiques, dont ils auront par la suite toutes les peines à se dégager.

* Nous voyons, en effet, au milieu du XVIe siècle, au moment du réveil des lettres et des sciences, Belon (2) et Rondelet (3), qui allaient enfin asseoir l'ichthyologie sur sa véritable base, l'observation, reprendre les idées de Pline, ranger parmi les Poissons tous les Animaux dont le genre de vie est analogue au leur et les subdiviser en groupes d'après leur taille, leur forme, leur consistance, etc., abstraction faite de tout caractère d'organisation. Rien ne montrera mieux l'absence de toute méthode dans ces essais de classement, par suite de l'ignorance où l'on était de l'organisation des Animaux, que la citation suivante que j'emprunte à la traduction de l'ouvrage de Rondelet, parue en 1558

(1) *Histoire des Sciences naturelles*, t. I, p. 267.
(2) Belon. *De Aquatilibus*, 1553.
(3) Rondelet. *Universa Piscium Historia*, 1554-55.

sous le titre : *L'histoire entière des Poissons*. Rondelet commence par donner un sommaire des questions dont il traitera ; ce sont les titres d'autant de chapitres qui font connaître les diverses catégories de Poissons qu'il admet. Je relève dans ce sommaire les titres suivants :

. . . .

« Poissons plats cartilagineux, comme Raies, Pastenagues.

Poissons longs comme le Côgre, la Murène.

Poissons des mers à nous estranges, comme ceux qui sont tous rôds, côme une boule.

Poissons cétacés é grandes bestes marines.

Tous les Poissons susdits ont sang, après lesquels sont mis les Poissons qui n'ont point de sang comme s'ensuit.

Les Poissons mols, comme les Poulpes, la Seiche.

Les Poissons coüuerts de côque ou de crouste, côme les Langoustes, les Cancres.

Les Poissons couuerts de test dur, é de coquilles ou simples ou doubles.

Les Poissons desquels les coquilles sont tournées en vis, etc. »

✶ On le voit, pour Rondelet comme pour Pline, *tous les Animaux qui vivent dans l'eau sont des Poissons* ; et chacun de ces groupes de Poissons « qui n'ont point de sang, » et qui correspondent à nos Invertébrés aquatiques actuels, est équivalent, pour Rondelet, à ses Poissons plats, à ses Poissons longs, etc., qui sont de vrais Poissons.

Le Homard est figuré et décrit par Rondelet sous le nom d'*Escreuice de mer*, dans le 18ᵉ livre, p. 388, avec les autres « Poissons couuerts de crouste ou coque en général. » Ajoutons que dans la *Deuxième partie de l'Histoire entière des Poissons*, p. 155, section *Des Poissons de rivière*, chap. XXXII, il décrit l'Ecrevisse et la rapproche du Homard : « Aux rivières, dit-il, qui coulent des môtaignes, é aux ruisseaux qui ont les eaux fresches, naissent des Poissons couuerts de coque, nômés en François Escreuices, en latin *Astaci fluuiatiles*, pour la grande similitude qu'elles ont avec l'Homar qui est *Astacus marinus*, ou bien *Astacus marinus* pour la similitude qu'il a avec l'Escreuice, qui est *Astacus fluuiatilis*, etc. » Le Homard a continué, après Rondelet, à porter le nom d'Ecrevisse de mer, *Astacus marinus*, jusqu'à une époque récente où H. Milne Edwards en a fait un genre distinct sous le nom de *Homarus* (1).

____

(1) H. Milne Edwards. *Hist. nat. des Crustacés*, t. II, p. 333 (1837).

La difficulté, ou plutôt, l'impossibilité de grouper les Animaux d'après leurs affinités naturelles était telle, du temps de Rondelet, que Conrad Gessner, dans le IVe livre de son *Historia Animalium : Qui est de Aquatilibus* (1558), décrit pêle-mêle et par ordre alphabétique, « pour faciliter les recherches, » les Poissons, les Crustacés, les Mollusques, etc.

* Il faut arriver jusqu'en 1686 pour rencontrer enfin un ichthyologiste, Willughby, qui sépare scientifiquement les Poissons proprement dits (tels que nous les comprenons aujourd'hui) de tous les Animaux avec lesquels ils avaient été jusqu'alors confondus. C'est par établir cette distinction qu'il commence son *Historia Piscium*, à laquelle il est juste de dire que Jean Ray avait largement collaboré, qui parut en l'année que je viens de citer et dont une seconde édition fut publiée en 1743. C'est de cette dernière édition (p. 1) que j'extrais, en les traduisant, les lignes suivantes : « Je n'ignore pas, dit Willughby, que le nom de Poisson est employé par certains naturalistes dans l'acception la plus large pour désigner tous les Animaux aquatiques, ceux qui sont pourvus de sang, aussi bien que ceux qui sont exsangues et qu'Aristote avait divisé en trois groupes, les Mollusques, les Crustacés et les Testacés. Bien plus, le vulgaire tient tous ces Animaux pour des Poissons. Mais dans cet ouvrage, nous donnerons au mot *Poisson* un sens plus restreint, l'appliquant seulement aux Animaux aquatiques qui sont pourvus de sang, nagent au moyen de nageoires, manquent de pieds, passent leur vie dans l'eau où ils se reproduisent, d'où ils ne sortent jamais volontairement et en dehors de laquelle ils ne peuvent vivre longtemps. » Les Invertébrés aquatiques se trouvaient donc éliminés de la classe des Poissons. Willughby en rejetait également, et d'une manière formelle, divers Vertébrés aquatiques, tels que l'Hippopotame, le Crocodile, les Phoques, etc., en y laissant toutefois les Cétacés (*loc. cit.*, p. 21 et 26) et sans s'occuper autrement ni des Crustacés, ni des autres groupes d'Animaux aquatiques.

Willughby ne fut qu'un précurseur. En rompant avec les errements du passé, en donnant un groupement méthodique des Poissons fondé uniquement sur leur organisation, il réalisait pour l'ichthyologie un progrès considérable ; mais, sans doute parce qu'il ne s'occupait que d'une partie des Animaux aquatiques sans s'expliquer sur ceux qu'on disait « exsangues, » son ouvrage passa à peu près inaperçu, même de ses compatriotes, et la confusion continua de régner.

* Nous devons dire cependant que Ruysch (1), en séparant les Poissons des autres Animaux aquatiques considérés comme dépourvus de sang (Mollusques, Crustacés, etc.), mais sans suivre la méthode de Willughby, qu'il ne cite même pas, eut au moins le mérite d'abandonner les vues de Pline pour revenir à celles d'Aristote.

* Enfin parurent deux naturalistes dont l'influence détermina pour toujours la ruine des idées de Pline : ce furent Artedi, dont les travaux publiés par Linné en 1738 (2) consacraient et complétaient les progrès dus à Willughby, et Linné lui-même, dont les douze éditions successives du *Systema Naturae* (la 1re en 1735) firent pénétrer partout les idées nouvelles et rendirent définitive la séparation des Poissons d'avec les Invertébrés aquatiques.

On peut se demander ce qu'étaient devenus les Crustacés, au milieu de ce bouleversement de l'histoire naturelle par Linné : le naturaliste suédois, moins heureux en ce point qu'en beaucoup d'autres, en avait fait des Insectes, et le Homard s'y trouve rangé parmi les Insectes aptères sous le nom de *Cancer gammarus.* Ce ne fut qu'à la fin du XVIIIe siècle que Cuvier (3), après ses travaux anatomiques et avec l'autorité qu'on lui reconnaissait, put former et faire accepter pour les Crustacés une classe distincte parmi « les Animaux privés de vertèbres. » Brisson en 1756 (4), Pennant en 1777 (5) et, suivant Latreille, Lefrancq de Berkley (6) avaient déjà proposé cette modification à la nomenclature de Linné, mais sans l'appuyer sur des faits d'organisation.

Il est facile de comprendre que les réformes, même les mieux justifiées, introduites par Linné dans les sciences naturelles ne pouvaient recevoir immédiatement l'assentiment général. C'est ainsi qu'Anderson, dans son *Histoire naturelle de l'Irlande, du Groenland,* etc., publiée en 1746 à Hambourg et dont une traduc-

---

(1) Ruysch. *Theatrum animalium,* 1718.
(2) Artedi. *Ichthyologia sive omnia opera de Piscibus.*
(3) Cuvier. *Leçons d'anatomie comparée,* t. I., p. 72, an VIII.
(4) Brisson. *Le Règne animal divisé en 9 classes,* p. 6 et 9 (1756).
(5) Pennant. *British Zoology,* t. IV, p. I, édit. de 1777.
(6) Latreille. *Considérations générales sur l'ordre naturel des Crustacés, des Arachnides et des Insectes,* p. 18 (1810).

tion française parut à Paris en 1750, compte encore l'Écrevisse
parmi les Poissons de rivière, comme les Moules et les Poupars
(Crabes tourteaux) parmi les Poissons de mer (trad. franç.,
t. II, p. 68 et 69). Et il n'était pas le seul, car vers la même époque,
Roesel ayant à faire l'histoire de l'Écrevisse (1), avertit (t. III,
p. 305) qu'il sépare les Crustacés des Poissons, parmi lesquels, dit-
il, « la plupart des naturalistes les rangent », pour les placer, à
l'exemple de Linné, parmi les Insectes.

∗ Ces citations suffisent pour montrer que si, au milieu du
XVIIIᵉ siècle, certains naturalistes rangeaient, à l'exemple de
Linné, les Crustacés parmi les Insectes, beaucoup d'autres, la
plupart, suivant Roesel, continuaient à les regarder comme des
Poissons ; d'où l'on peut conclure que les personnes étrangères
à l'histoire naturelle devaient être unanimes à les considérer
comme tels.

∗ Cependant, les réformes introduites par Linné dans la nomenclature des Animaux furent vite acceptées par la grande ma-
jorité des naturalistes, et les progrès de l'anatomie aidant, la
classe des Poissons finit par se dégager de tout élément étran-
ger, même des Cétacés, que Linné lui-même y avait laissés jusqu'à la 10ᵉ édition de son *Systema* (1758), et par recevoir certains genres que le même naturaliste en avait à tort écartés dans
la 12ᵉ édition du même ouvrage (1766), de manière enfin à ne plus
renfermer que de vrais Poissons. Mais ces réformes ont dû né-
cessairement pénétrer la masse du public avec beaucoup plus de
lenteur, et dans son *Histoire naturelle des Poissons* (1828), Cuvier,
après avoir rappelé que « l'importance supérieure des Poissons
est telle qu'elle a fait donner leur nom à tous les Animaux aquatiques par les auteurs anciens, » ajoute (t. I, p. 274) : « et même
dans les écrivains de nos jours qui ne sont pas naturalistes, on
voit souvent ce nom appliqué à des Cétacés, à des Mollusques et
à des Crustacés. »

Effectivement, dans la 5ᵉ édition du *Dictionnaire de l'Académie
française* parue en 1822, on lit encore la définition suivante de
l'Écrevisse, qui répond bien à l'idée que se faisaient alors de la
nature de cet Animal les esprits même les plus cultivés, mais
peu au courant des choses de l'histoire naturelle : *Poisson qui,*

(1) Roesel. *Insekten-Belustigung* (1755).

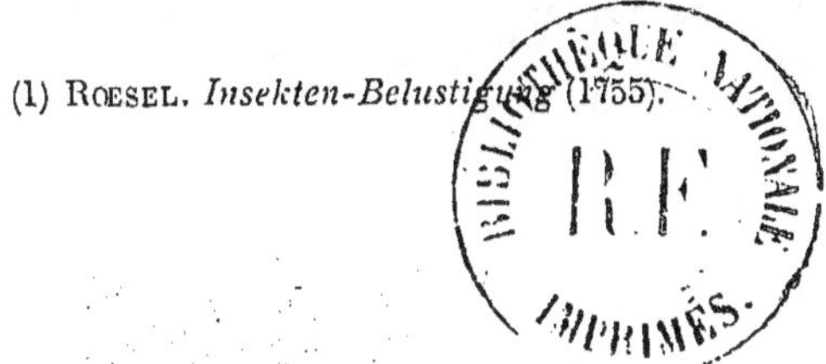

selon l'opinion vulgaire, va presque toujours à reculons et qui est du genre des Crustacés (1).

    * Ainsi depuis Pline jusqu'à l'apparition du *Systema Naturæ* (1735), le nom de Poisson a été appliqué par la généralité des naturalistes de profession à tous les animaux aquatiques, aux Cétacés, aux Mollusques, aux Crustacés, etc., aussi bien qu'aux Poissons proprement dits, et ce n'est qu'à partir de Linné et

(1) A l'occasion de cette définition de l'Écrevisse par l'Académie française, je signalerai quelques erreurs et une singulière méprise de J. K. Smidth et, jusqu'à un certain point de son traducteur Spencer F. Baird, que je relève dans la *United States Commission of Fish and Fisheries*, pour 1873-74 et 1874-75, Part. III. Dans le *Report of the Commissionner* on lit, p. 17, à propos du Homard, les lignes suivantes que je traduis de l'anglais : « Paul Jovius (chap. 40) ne fait pas preuve de grande connaissance en histoire naturelle, lorsqu'il dit que le Homard est rouge ; toutefois, il en montre tout autant que l'Académie française des sciences (*the French Academy of Sciences*), dans la bonne ville de Paris plus de trois cents ans plus tard, puisqu'il y a peu d'années on pouvait lire dans le grand dictionnaire de cette Académie au mot *Ecrevisse*, cette remarquable définition : *Animal rouge qui marche en reculant.* » L'académie dont veut parler J. K. Smidth est évidemment l'Académie française, puisque l'Académie des sciences n'a pas publié de dictionnaire : mais il cite de mémoire et il se trompe : ce n'est pas là la définition de l'Écrevisse que l'on prête à l'Académie, mais celle-ci : *Petit Poisson rouge qui marche à reculons.* Eh bien ! on ne lit ni l'une ni l'autre de ces définitions dans le dictionnaire de l'Académie française, et voici celles que j'ai relevées dans les éditions successives de ce dictionnaire.

La 1re édition (1694) définit l'*Escrevisse* : *Poisson du genre de ceux qui sont couverts d'une écaille (têt) fort dure.*

La 2e édition (1718) écrit aussi *Escrevisse*, avec cette définition : *Poisson qui va quelquefois à reculons, et qui est du genre des Testacés.*

Dans la 3e (1740), la 4e (1762) et une édition dite *nouvelle* de 1777, on lit la définition rapportée dans le texte d'après la 5e (1822), à cela près *Crustacés* s'y trouve remplacé par celui de *Testacés.*

C'est seulement à partir de la 6e édition (1835) que l'Écrevisse cesse d'être un Poisson et devient, comme aussi dans la 7e (1878), un *Animal de la classe des Crustacés, qui vit dans l'eau, et qui, selon une opinion fausse, va presque toujours à reculons.*

L'épithète de *poisson* appliquée à l'Écrevisse par l'Académie française sur la fin du XVIIIe siècle, et même au commencement du XIXe, ne pouvait manquer d'exciter les railleries de ses détracteurs. Cependant, on peut voir ci-dessus que jusqu'à l'apparition du *Systema Naturæ* (1735), la presque unanimité des naturalistes de profession considéraient l'Écrevisse comme un Poisson, et que si, de 1735 à 1800, les uns, avec Linné, la regardaient comme un Insecte, d'autres continuaient à en faire un Poisson, tandis que quelques-uns, en très petit nombre, niaient qu'elle fût un Insecte ou un Poisson et la tenaient pour un simple Crustacé : et il fallut les travaux anatomiques de Cuvier (1800) pour démontrer que ces derniers avaient raison. Il n'y a donc rien d'étonnant à ce que, dans les quatre premières éditions de son dictionnaire, ainsi que dans

d'Artedi qu'il prit, rapidement dans les écrits scientifiques, lentement dans le langage vulgaire, la signification restreinte qu'il possède de nos jours. En tout état de cause, au moment de la signature du traité d'Utrecht (1713), le Homard, la Langouste, l'Écrevisse, l'Huître, etc., étaient des Poissons au même titre que la Morue.

Le droit concédé à la France par ce traité de pêcher le *Poisson* sur la côte française de Terre-Neuve ne peut donc en aucune façon s'appliquer à une espèce particulière de Poisson, que l'on n'aurait pas manqué de nommer, mais au Poisson en général, c'est-à-dire à l'ensemble des Animaux marins qui pouvaient se rencontrer sur les côtes de l'île et parmi lesquels figure le

celle de 1777, l'Académie ait considéré l'Écrevisse comme un Poisson ; mais il est de toute évidence que l'*Animal rouge* ou le *Petit Poisson rouge qui marche à reculons* n'a été imaginé, vraisemblablement par quelque candidat malheureux, que pour jeter un peu de ridicule sur l'Académie française. Que le public ignorant et railleur accueille avec faveur de telles légendes, on le comprend ; mais que des savants s'en fassent l'écho sans les contrôler, voilà qui a lieu de surprendre.

Comment expliquer aussi cette méprise des mêmes naturalistes, qui confondent ensemble en une académie imaginaire, *the French Academy of Sciences*, l'Académie française et l'Académie des sciences ?

Enfin, Paul Jovius (*De Romanis Piscibus Libellus*, éd. de 1528, *loc. cit.*) ne dit pas que le Homard soit *rouge*. J. K. Smidth et son traducteur Spencer F. Baird attribuent au Homard ce que l'auteur latin dit de la Langouste, *Locusta* : « *Pedibus siquidem eius forcipes desunt, ut ait Aristoteles ; præterea Locustam corpore rubenti, aculeato et aspero esse constat, etc...* » Ceci ne peut s'entendre que de la Langouste, dont les pattes sont dépourvues de pinces, et dont la carapace, couverte d'épines, présente fréquemment une teinte rougeâtre plus ou moins prononcée. Établissant un parallèle entre la Langouste et le Homard, *Cammarus*, Paul Jovius continue (a) : « *Contra uero Cammarus, qui Leo apud Plinium est... et forcipes habet pro manibus et corpore leui atque cœruleo, multisque subnigris maculis splendet, ut Aristoteles pulcherrime depinxit, et nos quotidie uidemus, quem etiam astacum appellauit Oppianus, nos uero Cammaros appellamu eos qui dulcibus in aquis reperiuntur, ad paruorum Leonum effigiem, qui dum coquuntur, protinus rubescunt.* » On ne peut s'y tromper, il s'agit bien ici du Homard, que Pline appelle Lion (b), dont les mains portent des pinces, dont la carapace est lisse et bleuâtre, qu'Oppien nomme *Astacum*, aux jeunes duquel ressemblent ces *Cammari* d'eau douce appelés plus particulièrement *Astaci* (Ecrevisses) et qui rougissent par la cuisson. Paul Jovius connaissait donc beaucoup mieux le Homard que ne l'ont supposé J. K. Smidth et Spencer F. Baird, et je ne puis m'expliquer l'erreur dans laquelle ils sont tombés à ce sujet.

(a) Je conserve, autant qu'il m'est possible, son orthographe au texte de Paul Jovius.

(b) Le Homard est plus clairement désigné par Pline sous le nom d'*Elephantus*, et suivant Cuvier (*Annales du Muséum*, t. II, p. 377, 1802) rien ne prouve que le Lion du naturaliste latin soit bien notre Homard.

Homard. Le droit de la France de pêcher ce Crustacé à Terre-Neuve est donc indiscutable.

Nous ne voyons pas quelles objections on pourrait opposer à cette conclusion, Moins que personne, les Anglais n'y seraient autorisés, pas plus que les Terre-Neuviens, à moins que ces derniers ne parlent une langue autre que celle de leurs protecteurs.

La langue anglaise, en effet, ne s'est pas dépouillée, même de nos jours, de certains noms collectifs dans la composition desquels entre le mot *fish*, poisson, et dont se servent les modernes naturalistes anglais eux-mêmes, Darwin, Huxley, Mivart, etc., pour désigner précisément ces divers groupes d'Invertébrés aquatiques que l'on estimait anciennement être des Poissons. Tels sont les noms de *Cuttle-fish, Shellfish, Starfish, Jelly-fish*, qui signifient littéralement Poisson à couteau, Poisson à coquille, Poisson étoilé, Poisson gélatineux, et qui, au pluriel, désignent respectivement, les Mollusques céphalopodes ou Poissons mols de Rondelet (Seiche, Poulpe, etc.), les Mollusques univalves ou bivalves (Testacés d'Aristote et de Pline) et fréquemment les Crustacés, les Rayonnés (Oursins, Etoiles de mer) et les Méduses.

En particulier, le Homard est souvent désigné en Angleterre sous le nom de Sea-Crayfish ou Sea-Crawfish, Ecrevisse de mer, et nous retrouvons encore dans ces composés le mot *fish*. Il paraît, cependant, que l'étymologie du mot *Crayfish* est moins facile à établir que celles des noms analogues dont nous venons de parler. Suivant Huxley (1), *Crayfish* peut venir du français Ecrevisse : il s'écrivait d'abord *crevis* ; *cre* est devenu *cray* par corruption, et *vis* s'est transformé en *fish*, « pour mettre, dit Huxley, le mot en harmonie avec l'idée qu'on se faisait de l'objet comme animal aquatique. » Ainsi, d'après Huxley lui-même, *animal aquatique* et *fish*, poisson, étaient autrefois une même chose. On pourrait contester cette étymologie ; mais qu'elle soit exacte ou non, la composition du mot *Crayfish* témoigne que l'Animal qu'il désigne, l'Ecrevisse, fut d'abord considéré, en Angleterre aussi bien qu'ailleurs, comme un Poisson, de même que le Homard, qui est une Ecrevisse de mer, Sea-Crayfish. Quant à *Crawfish*, il signifie littéralement *poisson crabe*, *craw* venant de crabe par corruption, et *fish*, comme dans *Crayfish*, de la terminaison *visse* du mot Ecrevisse.

(1) HUXLEY. *The Crayfish*, p. 12 (1880).

Il est donc hors de doute, et tous les ergotages possibles n'y feraient rien, que de nos jours encore, des groupes d'Animaux aquatiques, de même que l'Ecrevisse, le Homard, sont désignés en langue anglaise par le mot *Fish*, Poisson, auquel est adjoint un autre composant qui en spécialise la signification. Sans doute, on ne soupçonnera pas les naturalistes anglais de l'époque actuelle de prendre tous ces Animaux pour des Poissons ; mais les expressions sous lesquelles ils les désignent — et que ne peuvent ignorer les hommes d'Etat anglais — établissent péremptoirement qu'ils ont été considérés comme tels par leurs devanciers, ce qui confirme, en la fortifiant, la démonstration que nous en avons donnée plus haut et la conclusion que nous en avons tirée.

Une autre objection contre le droit de la France de pêcher le Homard à Terre-Neuve a été soulevée d'abord par les Terre-Neuviens, puis par lord Salisbury. Elle peut, si nous en croyons *Les questions diplomatiques et coloniales* (n° 48, p. 205, 1899), se formuler ainsi : « Le Homard est-il un Animal qui se pêche ? ne serait-il pas plutôt un Animal qui se prend ? » Le noble lord déclare que « la capture du Homard ne constitue pas une pêche » (*loc. cit.*, p. 206). On nous permettra d'examiner brièvement la valeur de ce singulier argument.

Ainsi qu'il a été établi plus haut, tous les Animaux aquatiques furent d'abord considérés comme des Poissons ; il en est résulté que l'expression de *pêche*, qu'on a définie *l'art de prendre le Poisson*, et qui désigne la mise en œuvre de tout moyen propre à opérer la capture du Poisson, a été étendue à tous les Animaux aquatiques. C'est ainsi qu'on pêche la Baleine, le Marsouin, les Phoques et autres Vertébrés aquatiques marins ou d'eau douce ; que l'on pêche l'Huître, le Poulpe, le Calmar, la Seiche, le Corail, l'Eponge, de même que le Homard, la Langouste, l'Ecrevisse, etc. Chez toutes les nations civilisées, les pêcheurs, les législateurs, de même que les écrivains qui se sont occupés d'aquiculture ou de pêche, sont unanimes sur ce point, et nombreux sont les auteurs qui ont décrit toutes ces sortes de pêche, ainsi que les engins qui y servent. On remarquera, toutefois, que la *pêche* de la Baleine, des Phoques, de la Loutre, etc., surtout depuis l'emploi des armes à feu à la capture des Mammifères marins, est, à juste titre, devenue une *chasse* ; et pourtant, en dépit de cette transformation, on continue à ire : *les pêche-*

ries de Behring, bien qu'il s'agisse d'y capturer surtout des Mammifères à fourrures, Otaries, Renards, Loutres.

Il est bien clair aussi qu'un Animal aquatique qui abandonne l'eau temporairement ne peut être l'objet d'une pêche pendant son séjour à terre ; dans ce cas, on le chasse ou on le *prend*, soit vivant, soit après l'avoir mis à mort d'une manière quelconque.

En ce qui concerne spécialement le Homard, on ne comprend même pas que la question de savoir si on le prend ou si on le pêche puisse se poser. Ce Crustacé, en effet, ne s'installe pas sur les plages ou sur les banquises comme les Phoques, ni ne vient respirer à la surface des eaux comme d'autres Mammifères marins, la Baleine, le Dauphin, etc.; il ne se rend pas à terre comme les Reptiles aquatiques, les Tortues, les Crocodiles ; il n'a pas les habitudes terrestre de certains Crabes, les Gécarcins, dits Crabes de terre ou Tourlourous, qui ne gagnent la mer qu'au moment de la ponte, et il ne court pas sur la grève comme le Crabe enragé (*Carcinus mœnas*, L.) ; enfin, il ne grimpe pas non plus sur les arbres comme le fait, dit-on, sur les cocotiers cet autre Crustacé de grande taille, le Birgue voleur (*Birgus latro*, *Latr.*). Il n'y a donc jamais lieu ni de lui donner la chasse, ni de se baisser simplement pour s'en emparer ou le *prendre* à terre.

A l'état adulte, le Homard nage peu et se tient habituellement dans le voisinage des côtes, sur les fonds rocheux, à une profondeur variable avec les saisons, mais qui paraît comprise entre une et 20 brasses ou, suivant Herrick, entre une et 50 ou 60 brasses. C'est là qu'il faut aller le capturer, et l'emploi de tout procédé, quel qu'il soit, capable de conduire à ce but, constitue une *pêche* ; mais non pas la capture elle-même, car on peut se livrer à la pêche du Homard comme à celle du Poisson ou de tout autre Animal aquatique sans rien capturer ; et chacun sait que ce n'est pas la capture du Poisson ou du Homard, en temps prohibé, qui constitue le délit de pêche, mais l'emploi de moyens propres à capturer ces Animaux. Lord Salisbury joue donc sur les mots, lorsqu'il dit que « la capture du Homard ne constitue pas une pêche ».

En fait, la pêche du Homard se pratique généralement de nos jours au moyen d'engins appelés *paniers* ou *casiers*, ne différant que par la forme des nasses qui servent à la *pêche* du Poisson. On le prend ainsi vivant, comme le Poisson, à l'aide d'un appât, dans un piège d'où il ne peut s'échapper une fois qu'il y est entré. Lorsque le Homard est destiné à la consommation sur place ou à

la préparation de conserves et qu'on peut sans inconvénient le
blesser au moment de la capture, on le pêche aussi, mais seulement dans les eaux peu profondes dont on peut apercevoir le fond,
au harpon et au crochet, comme à Terre-Neuve, ou encore comme sur les côtes de la Norwège, au moyen de longues pinces.
Suivant Pennant (1), on en prend quelquefois à la main. Mais tous
ces derniers procédés de *pêche* sont analogues ou identiques à
ceux employés à la capture du Poisson et qu'on désigne sous
les expressions de *pêche à la fourchette, pêche à la fouane, pêche
au trident, pêche à la main*. Enfin, il arrive parfois qu'on prend le
Homard en grand nombre dans des filets (2), au moment de mi-
grations locales, qui, suivant Herrick (3), sont périodiques, lorsqu'il quitte sa station d'hiver pour se rendre à celle d'été,
dans une eau moins profonde ; ou peut-être aussi lorsqu'il est
entraîné par quelque courant sous-marin, comme on l'a observé
souvent pour le Néphrops de Norwège (*Nephrops norwegicus*,
Linné), que l'on capture, également avec des filets, en grand nombre à Concarneau à l'époque des grandes marées de mars, et que
l'on ne revoit plus pendant tout le reste de l'année. Le Homard est
donc bien un Animal qui se *pêche*. Il y a plus : on ne le capture
qu'en le *pêchant*.

Est-il besoin d'ajouter que tous les auteurs qui se sont occupés
du Homard au point de vue économique désignent sous le nom
de *pêche* l'emploi de tous ces procédés de capture ?

On peut consulter sur ce point Duhamel du Monceau (4), Coste
(5), Soubeiran (6), H. Baars (7), P. Joigneaux (8), C. Millet (9),
Félix Fraiche (10), Layrle (11) et beaucoup d'autres que nous pour-

(1) *Loc. cit.*, p. 10.

(2) *Un. St. Commission of Fish and Fisheries*, Report, Part III, p. 225 (1873-74
et 1874-75).

(3) HERRICK. *The american Lobster*, in : *Bulletin of the Un. St. Fish Commission*, vol. XV, for 1895 (1896), p. 20.

(4) DUHAMEL. *Traité général des pêches*, T. I. 3ᵉ sect., p. 5 (1769).

(5) COSTE. *Rapport sur la reproduction des Crustacés au point de vue de la
règlementation des pêches* (1860).

(6) SOUBEIRAN. *Exposition internationale de produits et engins de pêche de
Bergen*, in : *Bull. Soc. impér. d'aclimatation*, 1866, p. 48.

(7) H. BAARS. *Les Pêches de la Norwège*, p. 50 (1867).

(8) P. JOIGNEAUX. *Pisciculture ou culture des eaux*, p. 209 et suiv. sans date).

(9) C. MILLET. *La culture de l'eau*, p. 103, 106, 107 (1870).

(10) F. FRAICHE. *Guide pratique de l'ostréiculteur et procédés d'élevage et de
multiplication des races marines comestibles*, p. 67, 166 et suiv. (sans date).

(11) LAYRLE. *La pêche maritime en Algérie*, in : *Bull. Soc. centr. d'Aquiculture et de Pêche*, 1899, p. 7.

rions citer. Que l'on compulse toute la collection du *Bulletin of the United States Fish Commission* ou celle de *l'Annual Report of the Fishery Board for Scotland*, on verra que la *pêche* du Homard s'y trouve mentionnée dans de nombreux articles, et que partout, dans toutes les statistiques, le Homard est considéré comme produit de *pêche* au même titre que le *Bluefish*, le *Cod*, le *Mackerel*, le *Mullet*, le *Salmon*, etc. Nous ne nous arrêterons pas à ces détails ; mais nous signalerons particulièrement un important et très intéressant mémoire dû à Axel Boeck, ayant pour titre : *La pêche du Homard en Norwège et son Histoire*, qui a été traduit du danois en anglais par Spencer F. Baird et inséré dans le *Report* déjà cité de la *United States Commission of Fish and Fisheries* (1). Après une courte histoire biologique du Homard, l'auteur en décrit tous les procédés de pêche, même les plus primitifs, successivement employés en Norwège ; il indique les époques où elle se pratique sur les côtes de ce pays, sa durée, son importance, ainsi que la législation à laquelle sont soumis le commerce et la pêche de ce Crustacé. C'est, on le voit, une histoire économique à peu près complète du Homard, dans laquelle l'expression de *pêche* revient à chaque instant.

En résumé, le Homard ne peut faire l'objet d'une chasse, puisqu'il ne vient pas à terre et qu'habituellement il vit sédentaire au fond de la mer.

L'emploi d'engins quelconques en vue de le capturer constitue une *pêche* ;

De nos jours le procédé le plus généralement employé à la capture du Homard est semblable à celui qui sert à la *pêche* du Poisson au moyen de nasses ;

Enfin, en France, en Norwège, en Angleterre, en Amérique, et, on peut le dire, chez toutes les nations, l'emploi de ce procédé ou de tout autre ayant pour but la capture du Homard a reçu unanimement le nom de *pêche*.

Après cela, les Terre-Neuviens et lord Salisbury peuvent essayer de démontrer que le Homard n'est pas un Animal qui se *pêche*.

(1) *Report for* 1873-74 et 1874-75, Part. III, p. 225 (1876).

www.ingramcontent.com/pod-product-compliance
Lightning Source LLC
LaVergne TN
LVHW050249030726
842520LV00006B/2265